Gabriel Palacios

Entscheidungen

D1728288

CAMEO

Lektorat: Ulrike Gallwitz, Ebringen
Umschlaggestaltung: Cameo Verlag, Bern
Autorenbild: Remo Neuhaus, Rubigen
Layout und Satz: GGP Media GmbH, Pößneck
Druck und Bindung: GGP Media GmbH, Pößneck
ISBN: 978-3-906287-08-9

„Vergiss nie: Du bist und bleibst zu jedem Zeitpunkt
deines Lebens die beste Version von dir selbst."

Gabriel Palacios

Einführung

Es freut mich, dass du dich dazu entschlossen hast, den Weg deiner Entscheidungsfindung zu bereichern. Als Therapeut und Ausbilder habe ich viel Zeit in die geistige Arbeit und Auseinandersetzung mit Entscheidungen investiert. Ich durfte somit dem Thema der Entscheidungsfindung viel Raum geben – zeitlichen ebenso wie geistigen Raum. In diesem Raum entstanden viele bereichernde Inspirationen, welche ich gerne mit dir teilen möchte.

Die in diesem Buch enthaltenen Inspirationen sollen dir dabei helfen, neue Impulse zu setzen. Oder dir neue Perspektiven aufzeigen. Sie sollen dich zu neuen Ideen ermutigen sowie dir Gefühle der geistigen Leichtigkeit und emotionalen Freiheit spenden dürfen.

Dieses Buch ist deshalb kein Buch, das du von der ersten bis zur letzten Seite konsequent durchlesen musst. Es soll vielmehr eine inspirative Quelle darstellen. Ein Buch, das du irgendwo aufklappen kannst, um durch die so jeweils vorliegende Inspiration Leichtigkeit zu gewinnen.

Natürlich können die diversen Inspirationen bei unterschiedlichen Entscheidungsprozessen auch völlig unterschiedliche positive Wirkungen mit sich bringen. Nicht jede Inspiration wird zu jedem Prozess der Entscheidungsfindung passen. Finde die jeweils für dich geeignetste Inspiration oder verbinde die verschiedenen Inspirationen miteinander, um für dich wichtige Erkenntnisse zu erlangen.

Ich wünsche dir auf deinem Weg der Entscheidungsfindung viele positive Erkenntnisse und dass du dich durch dieses kleine Buch auch ein Stück weit mit all uns Gleichgesinnten, die wir ebenfalls immer wieder vor verschiedenen Entscheidungen stehen, verbunden fühlen kannst.

Du bist nicht allein.

Herzlichst,
Gabriel Palacios

Die beste Version

Du bist und bleibst zu jedem Zeitpunkt deines Lebens die beste Version von dir selbst.

Denn du gibst stets dein Bestmögliches. Ob du willst oder nicht – du gibst alles, was du kannst. Du tust es dann, wenn du bei der Entscheidungsfällung deinem Wunsch nach Sicherheit folgst. Du tust es dann, wenn du deinen Bedürfnissen folgst. Und du tust es auch dann, wenn du Dinge tust, die du nicht wieder tun würdest. Du triffst die Entscheidungen, die deinen Erfahrungswerten entsprechend die besten Entscheidungen sind.

Du analysierst die Entscheidungslage auf bewusster wie unbewusster Ebene und triffst letztlich deine Entscheidungen so gut, wie du sie nur treffen kannst. Jede Entscheidung, die du triffst, entspricht der Entscheidung deiner besten Version.

Du kannst dich nicht
nicht entscheiden

Bereits wenn wir Kinder sind, lernen wir, dass bestimmte Entscheidungen belohnt, andere wiederum bestraft werden. In der Schule wird uns beigebracht, jeweils die richtigen Antworten zu geben, damit wir bestmögliche Schulnoten bekommen und dadurch einen Zugang zu einem breiteren Berufsspektrum erlangen. Durch diese und ähnliche Erfahrungen erlernen wir, dass man von uns erwartet, stets zu jedem Zeitpunkt die scheinbar bestmögliche Entscheidung zu treffen. Diese Erwartungshaltung wiederum bewirkt, dass wir uns selbst Druck machen, uns entscheiden zu müssen, und dabei vergessen, dass wir uns nicht nicht entscheiden können. Denn auch dann, wenn wir uns für nichts entscheiden, entscheiden wir uns. Nämlich dafür, uns für nichts zu entscheiden. Auch dies ist eine Entscheidung. Und diese Entscheidung kann mindestens genauso richtig sein wie jede andere, konkrete Entscheidung auch. Du darfst dir selbst folglich die Leichtigkeit geben, dich nicht immer konkret entscheiden zu müssen. Manchmal richtet die Zeit alles ganz von selbst.

Inspiriert durch die Verbundenheit

Seit es dich gibt, kennst du die Energie der Verbundenheit. Du bist durch die Liebe deiner Mutter und deines Vaters entstanden. Dein Körper entsteht in der Verbundenheit zu deiner Mutter. Und deinen ersten Atemzug erlangst du in gemeinsamer Zusammenarbeit und der elterlichen Verbundenheit.

Die Verbundenheit ist eine unersetzliche Energie, die uns allen Gefühle der Geborgenheit, der Zugehörigkeit und der Stärke spenden kann. Eine Energie, in der wir Kraft, Mut, Stärke und Hoffnung tanken. So darf es auch keineswegs als falsch betrachtet werden, Entscheidungen in der Energie und durch die Energie der Verbundenheit zu treffen.

Du darfst die Menschen, die dich verstehen, um Rat fragen. Du darfst die Menschen, die du liebst, bei deiner Entscheidung berücksichtigen. Und du darfst deine Entscheidungen sogar so weit abgeben, so weit dies deine Verbundenheit zulässt.

Alles Große
beginnt ganz klein

Jedes Glück begann einmal ganz klein.
Bist du dir ungewiss, wofür du dich entscheiden
sollst, so darfst du dir auch die Leichtigkeit geben, in
kleinen Schritten das Große zu erfühlen.

Du darfst dir also erlauben, die Wassertemperatur
des Sees mit dem kleinen Zeh zu erfühlen, um aus
dieser Erfahrung zu bestimmen, ob du im See
schwimmen möchtest oder nicht. Es braucht kein
direkter Kopfsprung in das unbekannte Gewässer zu
sein. Du darfst die verschiedenen großen Entscheidungen ebenso wie verschiedene Seen mit dem
kleinen Zeh erfühlen. Und vielleicht wird dein
Vertrauen in ein bestimmtes Gewässer nach aus-
reichendem Erfühlen groß genug, um den Sprung
ins Wasser zu wagen. Vielleicht entscheidest du dich
aber auch, das Gewässer zu verlassen und
Zufriedenheit in den Bergen, auf einer Wiese oder
im vertrauten Zuhause zu finden. Lass dich gehen.

Mut zu Neuem

Bist du dir gewiss darin, dass du den Schritt in eine für dich neue Sphäre wagen möchtest, so gib dir und deinem Geiste die Zeit und den Raum, sich mit dem Gefühl des Neuen anzufreunden.

Du kannst dein Unterbewusstsein darin unterstützen, das Neue anzunehmen und zu akzeptieren, indem du dir erlaubst, mit kleinen Erneuerungen zu beginnen. Ändere kleine, alltägliche Gewohnheiten, um dich auf größere Erneuerungen vorzubereiten. Erneuere kleine Dinge in deinem Leben, um dein Unterbewusstsein an das Gefühl des Neuen zu gewöhnen.

Zeige mit kleinen Schritten ins Ungewisse deinem Unterbewusstsein, dass das Neue nicht immer zu fürchten ist. Sondern dass auch jeder Glücksmoment, den du empfunden hast, einen Schritt in eine neue Zeit bedeutet hat.

Fühle mit dem Herzen.
Denke mit dem Kopf.
Und ahne mit dem Bauch.

Bei wichtigen Entscheidungen darfst du dir auch bewusster die Frage stellen, welche Entscheidung dein Herz fällen möchte. Wofür sich dein Kopf entscheiden will und wofür dein Bauch. Dabei darfst du nicht vergessen, dass du dein Herz geschenkt bekommen hast, um zu fühlen und nicht um zu denken. Du hast deinen Kopf bekommen, damit du damit denken kannst und nicht, um damit zu fühlen. Und du hast dein Bauch dafür bekommen, um damit zu ahnen, nicht jedoch, um etwas vernunft-nah zu überprüfen.

Du darfst im Vorfeld von wichtigen Entscheidungen deine Entscheidungsfindung analysieren. Finde heraus, auf welche deiner drei geschenkten Instan-zen du am ehesten hören solltest:
Herz, Bauch oder Kopf.
Dabei wirst du erkennen, dass keine dieser drei Instanzen wertvoller ist als die andere. Wir haben sie geschenkt bekommen, weil jede von ihnen unersetz-bare Stärken in sich trägt, für die keine andere Instanz einspringen kann.

Denke weiter

Oftmals lassen wir uns zu schnell von den Bedürfnissen lenken, ohne deren Konsequenzen mit der Vernunft zu überprüfen. Das „fernere Denken" ermöglicht dir als Blick in die Glaskugel Perspektiven, die wir zum Zeitpunkt des Bedürfnisses oftmals nicht erkennen können.

Möchtest du also eine Entscheidung auf ihre Nachhaltigkeit hin überprüfen, so erlaube dir doch einfach einen eigenen Zukunftsblick. Finde auf diese Weise heraus, wie deine nähere wie auch fernere Zukunft aussähe, würdest du eine bestimmte Entscheidung treffen. Werden auf diese Weise die verschiedenen Zukunftsblicke der unterschiedlichen Entscheidungen einander gegenübergestellt, so kehrt häufig ein Stück Einsicht ein. Einsicht dank des Weitblicks.

Unsicherheit

existiert nur

in deinem Geiste

Das Gefühl der Sicherheit ist eine Energie, mit der sich kaum ein anderes Gefühl messen kann. Die Sicherheit bietet uns ein Gefühl der Geborgenheit. Eine Grundlage. Ein Fundament, auf dem man bauen kann. Dies hat oftmals zur Folge, dass wir uns schwertun, unser sicheres Terrain zu verlassen, um Ziele zu erreichen, die außerhalb dieses Terrains liegen. Doch haben wir erstmals erfahren, dass auch außerhalb unseres sicheren Bodens eine Sicherheit gegeben ist, so erschließt sich daraus ein Lernprozess: Wir lernen, dass auch außerhalb des eigenen Gartens wunderschöne Blumen blühen.

Du kannst dir selbst beibringen, die Sicherheit außerhalb der erkennbar sicheren Zone zu finden. Dafür brauchst du lediglich ab und an deine bisherige Komfortzone zu verlassen und kleine alltägliche Dinge zu tun, die keine vorhersehbar sicheren Konsequenzen mit sich bringen. Begib dich immer wieder bei kleineren Entscheidungen in etwas unsicheres Terrain und bringe deinem Geiste somit bei, dass nichts unsicher ist, sondern dass die Sicherheit überall zu finden ist, wenn man danach sucht.

Ja.
Nein.
Weiß nicht.

Sagen wir zu oft zu allem „Ja", besteht die Gefahr, dass wir uns nicht von dem abgrenzen, mit dem wir nicht verbunden sein wollen.

Sagen wir zu oft zu allem „Nein", so besteht die Gefahr, dass wir das Glück dort nicht zulassen, wo es uns vor die Füße geworfen worden wäre.

Und enthalten wir uns zu oft konkreten Entscheidungen durch Antworten wie „Weiß nicht", besteht die Gefahr, dass wir zu oft andere Menschen über uns bestimmen lassen.

Es ist völlig in Ordnung „Ja", „Nein" und „Weiß nicht" zu sagen – jedoch sollten diese Aussagen möglichst in einem harmonischen Gleichgewicht koexistent sein. Erkennst du, dass du Gefahr läufst, einer dieser drei Aussagen zu viel Gewichtung zu geben, so versuche bewusster bei alltäglichen Kleinigkeiten den anderen Aussagen ebenfalls eine Verwendung zu geben. Natürlich nur dort, wo es auch deinem Willen entspricht. Dadurch öffnen sich viele neue Türen ganz von selbst. Ganz von selbst.

Zeichen von oben

Du darfst dir die Gelassenheit geben, dich nicht
immer konkret entscheiden zu müssen.
Du darfst dir Zeichen geben lassen.
Du darfst dich lenken lassen.
Sei es die göttliche Energie, die Energie von
Verstorbenen oder die Energie deiner persönlichen
Schutzengel.
Wer nach Botschaften sucht, wird sie sehen können.
Du darfst dich ab und an auch einfach geschehen
lassen. Lass Dein Leben einfach geschehen.

Lebensziele

Finde für dich heraus, ob du bestimmte Lebensziele hast, die durch bestimmte Entscheidungen eher erfüllt werden können. Und finde für dich heraus, welche Wichtigkeit deine dir gesetzten Lebensziele für dich haben.

Es darf sein, dass die Lebensziele an Gewichtung verlieren oder gewinnen.

Es darf auch sein, dass sich deine Lebensziele grundlegend ändern.

Und es darf sein, dass der Wunsch zur Erfüllung von Lebenszielen zur Entscheidungsfindung beiträgt.

Illusionäre Ängste

Analysiere die Ängste, die dich daran hindern, eine bestimmte Entscheidung zu treffen.

Tauche anschließend tief in diese Ängste ein und erkenne, dass der größte Teil deiner Ängste rein illusionär ist und keinen Realitätsbezug hat.

Wurden die Ängste erst mal als Hirngespinste entlarvt, so kann der Weg in bestimmte Entscheidungen gebahnt sein.

Unangenehme
Emotionen

Die Emotion ist eine Instanz, mit der keine andere zu vergleichen ist. Sie hindert und sie verbindet, sie schwächt und sie stärkt.

Die Angst vor negativen Emotionen hindert uns oftmals, wünschenswerte Entscheidungen zu treffen. Konfrontierst du dich jedoch in alltäglichen Angelegenheiten öfters mit unangenehmen Gefühlen, so bringst du auf diese Weise deinem Unterbewusstsein bei, dass auch unangenehme Gefühle irgendwo einen positiven Wert in sich bergen. Du lehrst dein Unterbewusstsein die Konfrontation mit unangenehmen Emotionen und stärkst dich im Rahmen jeder einzelnen Konfrontation zugleich, weil du lernst, Lösungen zu finden. Dadurch machst du es dir selbst leichter, auch Entscheidungen zu treffen, welche unangenehme Emotionen zur Folge haben könnten. Denn für jeden Schatten braucht es Licht.

In deinem Element.
In deiner Stärke.

Der Fisch braucht ein Gewässer, um in seinem
Element zu sein.
Der Maulwurf braucht Erde, um in seinem
Element zu sein.
Und der Vogel braucht die Weite, um in seinem
Element zu sein.

Erinnere dich an dein Element.
Erinnere dich an deine Stärken.

Finde für dich heraus, welche Stärken du fördern
möchtest und auf welche Stärken du verzichten
möchtest. Und welche Entscheidungen dazu beitragen
würden, deinem Gefühl der Stärke folgen zu
können. Lebe dein Element. Lebe deine Stärke.

Dein Vorbild

Das Lernen von Vorbildern ist eine Eigenschaft, die uns ein Leben lang bleibt. Wenn wir Kinder sind, sehen wir in Mutter und Vater unsere Vorbilder. Spätestens als Jugendliche lernen wir durch außerfamiliäre Vorbilder. Später verlernen wir das bewusste Lernen durch Vorbilder.

Jedoch bleibt das unbewusste Lernen durch die uns bewussten oder unbewussten Vorbilder durchaus ein Leben lang.

Das bewusste Orientieren an unseren vielleicht bislang vermehrt unbewussten Vorbildern kann uns dabei helfen, Entscheidungen zu treffen.

Lebe dein eigenes Leben

Bereits als Kinder werden wir mit gesellschaftlichen Normen und Werten konfrontiert. Suggestionen, die nur so lange Beachtung finden, so lange sie in einer Gesellschaft anerkannt werden. Und dennoch gibt es keinen Menschen, der alle von der Gesellschaft geforderten Normen und Werte erfüllen kann. Bilden also gesellschaftliche Erwartungen die Grundlage für unsere Entscheidungsfindung, so kann uns allein das Überdenken und Relativieren von kollektiven Erwartungshaltungen entlasten.

Denn letztendlich lebst nur du allein dein Leben. Und niemand lebt es für dich. Weshalb auch du allein deine eigenen Normen und eigenen Werte definieren darfst. Dein Leben. Deine Werte.

Lass unnötige
Gedanken gehen

Oftmals beunruhigen uns im Rahmen der Entscheidungsfindung gewisse Gedanken.Gedanken, welche uns auf unserem Wunschweg zurückhalten, hindern oder gar erstarren lassen. Gedanken, die uns Druck machen bei der Entscheidungsfindung. Doch machen wir uns diese Gedanken, die oft auch unbewusster Natur sind, bewusst, so können wir in diesen Gedanken eine Leichtigkeit gewinnen.

Eine Leichtigkeit deshalb, weil wir erkennen, dass diese Gedanken und die damit verbundenen Gefühle im Grunde ganz harmlos oder vielleicht doch gar nicht real sind.

Du darfst dir also die dich hindernden Gedanken bewusster machen, um im Anschluss zu erkennen, dass diese unwichtigen Gedanken und Ängste vielleicht überhaupt nicht real sind.

Nimm dir dadurch den unnötigen Druck bei deiner Entscheidungsfindung. Und lass sie einfach gehen, die unnötigen Gedanken.

Wunschgefühl

In der Hitze des Alltags, wenn wir den täglichen Verpflichtungen und Erwartungen nachgehen, vergessen wir schnell mal, wie wir uns eigentlich zu fühlen wünschen. Führe dir also wieder bewusster vor Augen, wie du dich eigentlich fühlen möchtest. Erinnere dich zurück, wann du dich zuletzt so gefühlt hast, wie du dich gerne fühlen möchtest. Und stell dir abschließend die Frage, wie sich dieses Ich von dir, das sich so fühlt und weiterhin fühlen möchte, verhalten würde auf deinem Weg der Entscheidungsfindung.

Entscheidung ins Leere

Uns wird bereits sehr früh suggeriert, dass wir unsere Entscheidungen stets konkret und überlegt treffen sollten. Ein Glaubenssatz, den du selbst widerlegen kannst, indem du dich daran erinnerst, wann du zuletzt eine Entscheidung ins Leere getroffen hast. Eine Entscheidung, deren Konsequenzen du nicht bewusst bedacht hattest, bevor du sie getroffen hast. Die Erinnerungen an solche Entscheidungen können dir die Gelassenheit geben, dass selbst Entscheidungen mit ungewissem Ausgang einen positiven Verlauf nehmen können.

Wenn du zudem alltägliche kleine Entscheidungen vermehrt unüberlegt ins Ungewisse fällst, so wirst du deinem Unterbewusstsein ein positives Gefühl, ähnlich einem Urvertrauen, vermitteln.

Entscheidungsfindung als Entscheidung

Während des Prozesses der Entscheidungsfindung lernt man sich selbst auf eine ganz besondere Weise kennen. Man konfrontiert sich mit Themen und Fragen, mit denen man sich nicht beschäftigt hätte, würde die Entscheidungsfindung nicht anstehen.

Du darfst den Zustand der Entscheidungsfindung als Entscheidung ersehen. Als Entscheidung, sich vertieft und intensiviert mit einem bestimmten Thema oder einer bestimmten Frage zu befassen, um somit neue Erkenntnisse zu gewinnen.

Während der Entscheidungsfindung lernst du Menschen kennen, die du nicht kennengelernt hättest, hättest du dich bereits entschieden. Und du machst Erfahrungen, welche nicht gemacht werden könnten, hättest du bereits eine konkrete Entscheidung gefällt. Erkenne diesen Vorteil.

Mein zukünftiges Ich

Wir lernen viel zu wenig, unseren Wunschvorstellungen und Träumen überhaupt geistigen Raum zu geben, um zu wachsen. Es ist essenziell, dass wir unserem Geiste die Möglichkeit geben, Wunschvorstellungen zu schaffen, denen unser Unterbewusstsein wie auch unser Bewusstsein folgen kann. Wie soll man einem Traum folgen, wenn man keine konkrete Vorstellung des Traumes in sich trägt?

Es kann dir folglich ein Gefühl der Einsicht geben, wenn du dir verinnerlichst, wie du in näherer oder fernerer Zukunft sein möchtest. Finde heraus, wie dein zukünftiges Ich wirkt, wie es sich fühlt und welche positiven Glaubenssätze und Einstellungen es in sich trägt. Befragst du anschließend dein zukünftiges Ich, wie es sich entscheiden würde, so erhältst du vielleicht eine Antwort.

Alles hat seinen Preis

Sobald wir einem Inhalt erhöhte Aufmerksamkeit widmen, vernachlässigen wir zur selben Zeit andere Inhalte. Es ist uns nicht möglich, alle Ideen, Gegebenheiten, Menschen, Aktivitäten, Handlungen, Gedanken und Gefühle gleichzeitig in derselben Intensität zu beachten. Wenn du dich folglich für einen bestimmten Inhalt entscheidest und somit dieser Entscheidung mehr Raum gibst, zahlst du den Preis, dass du einem anderen Inhalt weniger Raum geben kannst. Man könnte diese geringere Beachtung als den „Preis" bezeichnen, welchen wir zahlen müssen, wenn wir uns entscheiden. Du kannst deine Entscheidungsfindung etwas erleichtern, indem du dir die Frage stellst, welche Preise du zu zahlen bereit bist und welche Preise du auf gar keinen Fall zahlen möchtest.

Glaubenssätze
überdenken

Oftmals spielen im Rahmen unserer Entscheidungs-
findungsphasen mitunter zahlreiche Glaubenssätze
mit. Bewusst wie unbewusst. Glaubenssätze, die wir
uns selbst aufgrund bestimmter Erfahrungen
geschaffen haben. Glaubenssätze, die wir von Eltern,
Lehrern und anderen Vertrauenspersonen mitbe-
kommen haben, ohne diese auf ihre Gültigkeit zu
überprüfen.

Wenn du dir also bei der Entscheidungsfindung vor
Augen führst, welche Glaubenssätze dich gege-
benenfalls daran hindern, bestimmte Wunsch-
Entscheidungen zu fällen, und du diese Glaubenssätze
daraufhin revidierst, so kannst du dadurch deiner
Zufriedenheit einen großen Schritt näherkommen.

Ein Stück Schokolade

Wenn wir nicht wissen, ob wir nun zur Nachspeise etwas Schokolade genießen sollen oder lieber einen Becher Vanilleeis, so brauchen wir uns nicht entweder für die ganze Schokoladentafel oder die ganze Packung Vanilleeis zu entscheiden. Eine kleine Kugel Vanilleeis mit einem dekorierenden Stück Schokolade kann eine ideale Entscheidung sein. Wenn du also nicht weißt, wofür du dich entscheiden sollst, so darfst du dich auch für alles zugleich entscheiden.

Das darf man.

Du darfst mehrere Optionen miteinander kombinieren. Es brauchen nicht die intensivsten Formen der verschiedenen Optionen zu sein. Denn auch kleine Versionen von großen Entscheidungen können gänzlich die Zufriedenheit geben, die du dir wünschst.

Es muss nicht immer die ganze Schokoladentafel sein. Meist bereitet schon ein Stück Schokolade den maximalen Genuss.

Kleiner Aberglaube

Kaum ein Mensch kennt ihn nicht: den kleinen Aberglaube.

Alltägliche Rituale, Handlungen oder vielleicht sogar kleine Zwänge, die uns ein Gefühl der Sicherheit geben. Diese Sicherheit ist eine reine Illusion. Wenn wir diese Rituale, Handlungen, Zwänge und den damit verbundenen Aberglaube brechen und dadurch widerlegen, dass mit diesen irgendwelche Formen des Glücks zusammenhängen, so geben wir zugleich auch unserem Unterbewusstsein die Gelassenheit, dass das Glück auch dann zu uns findet, wenn wir Dinge tun, die wir bisher so nicht getan haben. Verscheuche also deine alltäglichen, abergläubischen Gedanken und erfahre, dass auf einmal auch die Entscheidungsfindung leichter fällt. Weil wir die Sicherheit nicht mehr in irgendwelchen Illusionen finden, sondern stattdessen überall erkennen dürfen. Überall.

Energien der Räume

Jeder Raum hat seine Energie.
Jeder Ort hat seine Geschichte.
Jedes Areal hat seine Zukunft.

Wenn wir den gewohnten Raum verlassen, finden wir oftmals heraus, dass wir auch andere Gedanken und Gefühle in uns tragen. So beispielsweise, wenn wir den mit Verpflichtungen verbundenen Raum verlassen und uns in den Urlaub begeben.
Erkennen wir, dass die Energien der alltäglichen Verpflichtungen ausschließlich in unseren Köpfen existieren, so erfahren wir, dass wir uns überall und zu jeder Zeit genauso frei fühlen dürfen wie dann, wenn wir im Urlaub sind.
Manchmal kann das bewusste Verlassen des aktuellen Raumes – sei es nur in Gedanken oder in Wirklichkeit – uns zu den gewünschten Erkenntnissen führen.

Vernünftige Polarität

Für alles im Leben gibt es immer mindestens zwei Perspektiven. Es gibt immer mindestens einen positiveren und einen negativeren Aspekt. Wenn wir unsere Vernunft nutzen, um die verschiedenen Perspektiven der möglichen Entscheidungen zu finden, so können wir diese verschiedenen Perspektiven einander gegenüberstellen.

Wenn du also in den verschiedenen möglichen Optionen jeweils die für dich positiven wie negativen Perspektiven findest, so kannst du diese jeweiligen Perspektiven miteinander vergleichen.

Die einen Aspekte werden wohl intensiver sein als die anderen. Durch den Vergleich der ungleich intensiven Gefühle beim Gedanken an die jeweiligen positiven wie negativen Perspektiven, fällt dir die Entscheidung vielleicht bereits etwas leichter.

Höre auf die Gefühle, die dir guttun.

„Jede Entscheidung, die du triffst, wird die für dich richtige sein. Andernfalls würdest du dich ja anders entscheiden. Weil du zu jedem Zeitpunkt, in dem du dich entscheidest, deine beste Version von dir selbst bist."

Gabriel Palacios

Gabriel Palacios

Gabriel Palacios ist Autor der Top-Ten-Bestseller „Lass dich einfach geschehen" (2015), „Hypnotisiere mich" (2013) und „Ich sehe dich" (2012). Als Mental-Coach und Hypnoseexperte referiert er mitunter für namhafte, internationale Großkonzerne und bildet jährlich mehrere Dutzend Hypnosetherapeuten aus. Er führt das Hypnose Center in Bern, ist Präsident des Verbandes Schweizer Hypnosetherapeuten und führt einen eigenen Radio-Ratgeber beim Radiosender

RADIO BERN1. Als gern gesehener Gast im Fernsehen verblüfft er immer wieder mittels Live-Demonstrationen von Hypnosen und weiteren mentalen Experimenten.

gabriel-palacios.ch